呀,成语就是历史 第1辑

春秋 ❸

国潮童书 / 著　丁大亮 / 绘

台海出版社

目录

上一本，我们说越国偷袭吴国是"螳螂捕蝉，黄雀在后"。

我才不想做夹在中间的那个！

我挺喜欢做最后出现的那个！

两位，我才是最惨的，好吗……

汉代的杂史小说集《说苑》里记载了一个故事：吴王要打邻国，谁劝也不听。一个孩子用"螳螂捕蝉，黄雀在后"的比喻劝吴王不要发兵，以免做了那只螳螂，被黄雀（别国）端了老窝。吴王听了觉得很有道理，就不再说起打仗的事了。

还有个坏消息传来，吴王阖闾的弟弟想要当国君，正在国内闹腾呢！吴王阖闾不得不回国。申包胥带着秦国的援军打退了吴军。**楚国复国了！**

虽然没有"灭"了楚国，但也把楚国打成了"残废"，
还奠（diàn）定了吴国的"江湖地位"，
吴王阖闾也入选了一些版本的"春秋五霸"，比如《荀子》。
吴王阖闾回国打退了越国的入侵，又平了内乱，
但他心里还是想要灭了越国！

九年后，偷袭吴国的老越王死了，**新王勾践（jiàn）继位。**
吴王阖闾觉得时机到了——越国正是新旧王更替的时候，
国内情况必然有些不稳；而吴军经过休整，战斗力到达了巅峰。

**这样别人弱一点，自己强一点，
还怕打不赢吗？**

吴王阖闾亲率大军去攻打越国。他怎么会知道，

勾践也是个狠角色，

以后也会跻（jī）身霸主行列呢？

来吧，体会一下越国铁三角的厉害！

范蠡

文种

越王勾践

智囊（náng）伍子胥和"兵圣"孙武都想不到，

越王勾践使出了一个**从来没人用过的奇招——**

**越王勾践让死士们站成三排，
一个接着一个抹脖子自杀！**

吴军被这招弄得不明白，一时没有回过神来。

还有些人一个劲地往前挤，想看到底怎么回事——

不好，吴军的队形全乱了！

危险！危险！**危险！**

越王勾践此时突然率领越军发动偷袭，混乱中吴王阖闾还被人砍掉了脚趾（zhǐ）。回国后，吴王阖闾把太子夫差（chāi）交给伍子胥，叮嘱他们为自己报仇，然后就不甘心地死了。

当当当！吴越争霸第一回合结束！

越国胜！

新上位的吴王夫差带着满腔仇恨，

和伍子胥、孙武一起，抓经济促生产，扩军备战。

为了不忘记仇恨，**夫差还搞了个"每日一问"**，

每天找人对着自己大喊："夫差，你忘记杀父之仇了吗？"

这样过了三年，吴国的实力翻了一番。

而越王勾践呢？自从上次打败吴国后，他就自大起来，

沉迷于玩乐。吴国的强大让他有了危机感，

他不顾文种和范蠡（lí）的反对，

亲自带领大军向吴国进攻。吴越两军在

吴国的夫椒开始了**水陆大战！**

战斗很激烈，两军从白天打到黑夜。
越军先支撑不住了，全线溃败。吴军一路猛追，
把越王勾践和一部分残余士兵逼到了会稽（kuài jī）山。
最后，越王勾践听从文种和范蠡的建议，

向吴王夫差乞和！

当当！吴越争霸第二回合结束！
吴国胜！

接不接受乞和呢？ 吴国的太宰伯嚭（pǐ）被文种
用金钱和美女收买，极力劝吴王接受乞和。伍子胥持反对意见！
他看着为越国说好话的伯嚭，**肠子都悔青了！**
当初就是因为伯嚭和自己一样，也是受人迫害逃到吴国的，

两人 **同病相怜**，

tóng bìng xiāng lián

他才向吴王阖闾推荐了伯嚭呀！

这个成语比喻有相同的不幸遭遇的人，互相同情怜惜。

同情不是错，同情错了人才是错！

现在后悔有什么用呢？吴王听取伯嚭的建议，
接受了勾践的乞和，还让勾践带着臣子们来当人质。

于是，越国的高层们都来到吴国进行 **"劳动改造"**。
吴王夫差出门就让勾践牵马、提尿壶，还要他当马夫。
三年下来，勾践居然一直**坚持微笑服务，从无怨言。**

吴王夫差

大王慢走，早点回来！

越王勾践

范蠡

有一天，吴王夫差生病了。
勾践听从范蠡的提议去探望他，
还抓了一把他的粪便尝了一口——

天啊，这是什么服务？

亲爱的吴王，不用担心，您的病马上就会好的！

我长这么大，第一次有人这样表达关心！

越王勾践

吴王夫差

不过，这招彻底征服了夫差的心！

没过多久，勾践就被吴国君臣热烈欢送回去了。

勾践回去干什么了?

就是你知道的  呀!

他每天睡在柴草上,还弄了个苦胆吊在房梁上天天舔!

成语"卧薪尝胆",形容一个人在恶劣的环境中刻苦自励,发誓要干一番大事业。**你可以这样用:** 为了在这次比赛中获得好名次,我必须要卧薪尝胆了!

现在，越王勾践正在下一盘大棋，
为之后要发生的多回合吴越争霸赛
做足准备！

对吴国，文种建议越王勾践继续采用
各种招式加强攻势：
一个劲儿地给吴王夫差送金银财宝，让他收到手软；
收购吴国的粮食，买到吴国粮库空虚；
送大量的木头，让夫差大肆消耗人力物力修宫殿。
最、最重要的一招——

范蠡把

chén	yú	luò	yàn
沉	鱼	落	雁

中**有"沉鱼"美貌的西施**献给了吴王夫差。

"沉鱼落雁"和"闭月羞（xiū）花"都是形容女人美得不得了的成语。我国古代的"四大美女"西施、王昭君、貂蝉和杨贵妃分别对应成语中的字词：西施——"沉鱼"，王昭君——"落雁"，貂蝉——"闭月"，杨贵妃——"羞花"。

当时有个女孩子叫**东施**。她听别人夸赞西施皱眉时最好看，就学着西施的样子皱眉。可惜学习的效果不太好——她还没原来好看呢！于是人们用带有贬义的成语

dōng	shī	xiào	pín
东	施	效	颦

来笑话她。

"效"是效仿、模仿的意思；"颦"指皱眉头。现在比喻不知道人家好在哪里，自己没有条件却盲目地模仿，反而出丑。有时候人们也会用它来表示自谦，说自己底子差，学别人的长处没有学到家。**你可以这样用：** 别以为会模仿名画就能成为大艺术家，很容易变成东施效颦呀！

越国送了这么多财宝美女，到底有没有效果？

当然有！伍子胥和吴王夫差闹掰（bāi）了！

事情是这样的：

在吴王夫差收礼物收到手软的时候，

伍子胥却劝他不要接受越国送来的东西。伍子胥认为

越王勾践对自己都这么狠，将来必然有很大的成就。

越国是吴国的

xīn fù zhī huàn
心 腹 之 患

最好早点灭掉越国。

"心腹"是人体内的重要部分，比喻要害之处。"患"是病患，祸害。你想，心腹之中有病患，多可怕呀！比喻极其严重的隐患。

什么？这伍子胥也太让人扫兴了！

吴王夫差正在**享受当"霸主"的感觉，**

这些年他收服了鲁国、陈国等一些小国，

正准备打齐国，

伍子胥又跳出来反对了！

伍子胥说齐国只是

jiè	xuǎn	zhī	jí
疥	癣	之	疾

。

"疥"和"癣"都是指皮肤疾病。这个成语比喻不重要的小毛病或不太严重的祸患。

反对反对反对，我是吴国的王，你管好自己就行了！

吴王夫差

伍子胥

好的。

吴王夫差已经很烦这个啰啰唆唆的伍子胥了。
偏偏这时候，伯嚭还偷偷告诉吴王夫差，
伍子胥已经把孩子送到齐国去了，没准他已经被策反，
成了齐国的间谍（dié）了！
吴王夫差气炸了，立刻送了伍子胥一把剑，让他自我了断。

伍子胥又恨又气，临死前留下遗言，

要家人在他的坟墓上种满梓（zǐ）树，
树长大后做成棺材，用来埋葬战死的吴国士兵。
伍子胥还要家人把他的眼睛挂在吴国都城的东城门上，
他要亲眼看着越国灭掉吴国。

想当门神？没门！

吴

吴王夫差

因为有这样的遗言，也就有了

jué	mù	wú	mén
抉	目	吴	门

这个成语。

"抉"是"剔出、剜（wān）出"的意思。"抉目吴门"
指忠臣遭陷害被杀。也写作"抉目东门"。

伍子胥死了，孙武伤心地辞官离开吴国隐居去了。

可惜吗？吴王夫差不觉得。

他根本没意识到这是多么**巨大的损失。**

他正想着策划一个会盟，当霸主呢！

走就走吧！我一个人就能搞定！

吴王夫差

我们不打扰吴王夫差做美梦了，来看看越国。

越王勾践的对外策略非常成功。**对内，**

shēng	jù	jiào	xùn
生	聚	教	训

他用 生聚教训 的策略，

鼓励百姓**多生孩子，多积累财富，**

教育百姓做忠义之人，并鼓励大家锻（duàn）炼身体。

成语"生聚教训"的"生"就是生孩子，繁殖（fán zhí）人口；"聚"就是聚积物力；"教训"则是指教育和训练。勾践是要把军队和民众团结起来，积聚力量，报辱国之仇。

多生孩子早致富！

越王勾践

搞军事训练，勾践也很有一套。

他在军队里发表演讲，强调要发挥团队的力量：

"吾不欲匹（pǐ）夫之勇也，欲其旅进旅退也。"

翻译成现在的话是："我不希望你们不动脑子，
只凭着勇气往前冲，而是希望你们步调一致，同进同退。"

这句话里有两个成语。一个是

匹夫之勇
pǐ fū zhī yǒng

指没有智慧和谋略而只会蛮干的勇气。"匹夫"泛指平常人，也指没有文化、没有智慧的人。**你可以这样用：**足球是一项需要团队合作的运动，只靠匹夫之勇是赢不了比赛的。

另一个成语是

大家都举手，我也举手好了。

旅进旅退
lǚ jìn lǚ tuì

原指一起进一起退，整齐划一。现在也指自己没什么主张，随着别人行动。"旅"是共同的意思。**比如，**每次班里开讨论会，他都是旅进旅退，毫无主见。

当勾践猛练内功的时候，吴王夫差带着军队去北边的黄池搞会盟，**当霸主去了。**

吴王夫差还付了巨额费用，
请周天子派代表来见证自己当"霸主"的高光时刻。
可是，晋国的晋定公就是不同意让吴王夫差先"歃血"，
当最大的盟主。
两人扯皮扯了大半天也没个结果。

吴王夫差为了彰显气势，

将这次带来的吴军精锐布置成三个方阵，
每个方阵一万人，一共三万人，直接摆到晋定公面前。

晋定公看着吴军三个方阵的气势，惊呆了：

白色方阵像开满白花的茅草，
红色方阵像熊熊燃烧的火焰，
黑色方阵就像一片压顶的乌云！

用一个成语来形容就是

rú huǒ rú tú
如 火 如 荼。

意思是像火那样红，像荼（一种白色的花）那样白。原来是形容军队声势浩大，现在用来形容大规模的行动气势旺盛，气氛热烈。**比如**，运动会正在如火如荼地进行着，我们班的"小飞毛腿"刚刚获得了五十米短跑比赛的冠军。

晋定公服了！ 吴王夫差成功地主持会盟，当上了霸主。可是他没有那么开心，因为那个曾经拜倒在自己脚下的

失败者——越王勾践， 在此时偷袭了他的老家，连太子友都被抓了。

吴王夫差赶紧带兵回国，却发现国内已经没一块好地了。
他知道自己不一定打得过越国，就向越王勾践乞和。
越王勾践看到吴国主力军，也没有必胜的把握，
同意了乞和。同时，他下决心要继续积蓄（xù）力量，一举灭了吴国！

当当！吴越争霸第三回合结束！
越国胜！

接下来的十年里——吴越争霸第四回合：越国胜！
吴越争霸第五回合：越国胜，吴国灭！

吴王夫差好惭（cán）愧呀！他没有脸去见伍子胥，
于是用白布蒙住脸，举剑自尽了。据说这块白布是我国历史上的
第一块"遮羞布"。

> 我看不见你，你也看不见我了！

伍子胥

吴王夫差

> 放心，我已经成了"潮神"，你死了见不到我的！

当初吴王夫差被伍子胥的遗言激怒，他让人把伍子胥的尸体装进牛皮袋，扔到钱塘江。没想到，原本平静的钱塘江突然掀起滔天巨浪，那个牛皮袋被浪潮托得高高的……于是人们就认为伍子胥成了"潮神"。

灭了吴国这个新晋霸主，越王勾践直接升级为

春秋时期的最后一位霸主！

没想到，那个陪他"劳动改造"受苦，

助他称霸天下的**功臣范蠡却走了！**

大王，我想退休和西施一块去划船游湖！

范蠡　西施　越王勾践

范蠡给文种留下了一封信，告诉文种：

越王勾践是个狠辣的人，

敌国灭掉了，谋臣就有可能被废弃或遭杀害。

他用

niǎo	jìn	gōng	cáng		tù	sǐ	gǒu	pēng
鸟	尽	弓	藏	和	兔	死	狗	烹

这两个成语来打比方。

意思是飞鸟没有了，就把弹弓藏起来不用了。野兔捉光了，猎狗就被杀了煮来吃掉。

文种

一起来划船吧！

西施

范蠡

我还没准备好呢！

这两个成语跟

卸磨杀驴（xiè mò shā lú）、**得鱼忘筌**（dé yú wàng quán）、

过河拆桥（guò hé chāi qiáo） 意思差不多，

都是指达到目的以后，就把曾经帮助过自己的人一脚踢开或抛弃、除掉。"得鱼忘筌"中的"筌"指捕鱼的竹器。**你可以这样用：**他真不是个值得交往的朋友，需要别人帮忙的时候他就笑脸相迎，不需要了就过河拆桥，连话都懒得多说一句。

真被范蠡说中了！

文种常常请病假不去上朝，次数一多，越王勾践就起了疑心。有一次，越王勾践去文种家探望他，临走时将伍子胥自杀的那把剑送给文种。

你们都知道这是什么意思了吧！

还是范蠡聪明！

范蠡离开以后，他的日子过得潇（xiāo）洒极了！

他后来改换名字为**鸱（chī）夷子皮、陶朱公，**不仅到处游玩，还不忘干事业，无论是耕种、养殖还是经商，都做得很成功。

现在大家习惯用"陶朱公"来形容那些做生意成功的人，**商人们更是把"陶朱公"奉为财神爷。**

不管怎么样，**吴越两国两代人持续了三十多年的纷争总算结束了。**

吴国人和越国人从此可以

wú	yuè	tóng	zhōu
吴	越	同	舟

了！

孙武在《孙子兵法》里举例，同乘一条船的人，就算是吴国人和越国人这样有旧仇的，一旦遇到危险，也会放下仇恨，相互配合，战胜困难，度过危机。

fēng	yǔ	tóng	zhōu
风	雨	同	舟

tóng	zhōu	gòng	jì
同	舟	共	济

等成语也都是由此而来。

上海有一所很有名的大学叫"同济大学"。

其中，"同济"两字就取自成语"同舟共济"。

你们能在这里学到"同舟共济"就最好啦！

孙武

同济大学

其实"兵圣"孙武并不喜欢战争，
他认为完美的战争应该是

bù	zhàn	ér	qū	rén	zhī	bīng
不	战	而	屈	人	之	兵

现在指不通过激烈的交锋，就能使敌军屈服。**你可以这样用**：这一次校辩论赛，我们班二辩噼里啪啦的一顿反驳，有理有据，没有任何漏洞，让对方无话可说，直接认输。这真是不战而屈人之兵呀！

但是，国与国之间的战争怎么可能轻易结束呢？
吴越争霸的结束，仅代表**争霸时代结束。**
灭国时代要开始了！
更惨烈的战国正在拉开帷幕（wéi mù）**！**

7

霸气孔老夫子

你知道亚洲篮球第一人**姚明的身高**是多少吗？

哈哈，2.26 米呀！

你知道春秋教书第一人**孔子的身高**是多少吗？

巧了，也是两米多呀！

孔子

好高！好强！好有压迫感！

根据《史记》记载，孔子"长九尺有六寸"。按照周朝 1 尺约为 23 厘米换算，孔子身高应该在两米以上。当然还有别的推算依据，但不管怎么算，孔子都是个大高个。

哇，孔子这身高，真霸气！
那他家境怎么样呢？是不是出身富贵？

孔子的祖先是宋国的贵族，后来因为战乱逃到鲁国。
他的老爸叔梁纥（hé）是鲁国著名的武将。可惜，孔子三岁时，
他老爸就去世了。家里少了顶梁柱，
经济来源就没了。孔子十七岁时，他老妈也离他而去了。

知识是我走出深渊唯一的阶梯！

孔子

孔子的老爸不但是个猛将，还是个大力士呢！他一个人就能扛起城门。要是孔子年幼时老爸没去世，孔子也许能成为一个武将，和"兵圣"孙武做朋友吧！（他们俩一文一武，是各自领域的"大神"。而且他们生活的年代重叠，出生和死亡也只差了几年呢！）

爹妈都没了，富是很难富了。**那孔子帅吗？**

孔子刚生下来的时候，脑袋就有点怪，中间低，四周高，很像他家附近的尼丘山。**孔子名丘，字仲尼，** 就跟他的头型和出生地有关。现存的很多孔子画像中，**大耳朵，小龅（bào）牙是孔子的标配。**

吴道子

你怎么知道孔子长这样？

我就是在史料记载的基础上美颜了一下！

目前流传最广的孔子画像是唐代吴道子画的《孔子行教像》。其石刻本是曲阜（qū fù）孔庙的镇庙之宝。

嘿，孔子可能不够帅，但他绝对是

世界上"粉丝"最多的学术型偶像！

霸气！

孔子做过许多工作，比如仓库管理员、牧场总管、民办教师、图书编辑……他还当过市长级的官员，甚至国家的司法部部长，**但是他"圈粉"最多的职业还是教师。**

zhì　shèng　xiān　shī

至 圣 先 师

是专门称赞孔子的成语。"至"是最的意思，"先师"是指前辈老师。"先"我们也可以理解为故去。

哈哈，年年都有教师节！

孔子

至圣先师

孔子专用称呼哟！

那孔子是不是我国历史上第一位老师呢？**不是！**
他被称为"至圣先师"，最重要的还是八个字：

有教无类、因材施教。

yǒu jiào wú lèi

有 教 无 类，

意思是不管什么样的人都可以受到教育，不因为贫富、智愚、贵贱、善恶等，把一些人排除在教育对象之外。
你可以这样用： 我的美术老师秉（bǐng）持有教无类的理念，经常去公园、广场给老人们上绘画课。

孔子之前，国家虽然建了学校，可一般人上不了，
只有贵族子弟才能上。
孔子可不管什么贵族、平民，只要学生诚心想学习，带上十条肉干做学费，他就教他们读书识字。
没错，十条肉干就能享受大师课！

这也太优惠了，
难怪孔子富不起来！

学费
肉干十条

孔子

我没肉干，我自己种的青菜可以吗？

鸡蛋可以吗？

可以，可以！

yīn cái shī jiào
因 材 施 教

指老师根据学生的能力、性格、志趣等具体情况采取不同的教育方法。

这个就更厉害了！
就算是两千五百多年后的今天，老师们也很难做到。

是时候让你们见识一下
孔子因材施教的本领了！

这件事还挺有趣的。

有一次，学生子路问孔子："闻斯行诸？"
意思是"听到了符合道德的事情应该马上去做吗？"
孔子回答："不可！ 你得和你老爸呀，哥哥呀，
商量商量再定！"

孔子

老师，我是不是要多吃点肉呀？

子路

你问问你爸和你哥。

家里米都不够你吃的，还要肉！

另一个学生冉（rǎn）有也问孔子： "闻斯行诸？"
孔子却回答："可以呀，快去做吧！"

老师，我是不是要多吃点肉呀？

孔子

冉有

游泳
健身
了解一下

是呀，赶紧叫你爸多买点，补充营养！

孔子这样完全不同的回答，
把另一个学生公西华搞迷糊了——为什么？

老师你为什么说得不一样?

老师，我是不是要多吃点肉呀？

孔子

公西华

你说呢？

孔子告诉公西华，因为子路遇事比较冲动，
所以要限制他，让他行动上慢一点；
而冉有平时比较犹豫，所以要鼓励他，推他走快一点。

这就是因材施教，你听懂了吗？

这个伟大的教育思想，用到医学上是

duì	zhèng	xià	yào
对	症	下	药

用到服装设计上叫

liàng	tǐ	cái	yī
量	体	裁	衣

用到农业或建筑上就是"因地制宜"了！

这几个成语我们在生活中都可以用上。比如爸爸去药店买感冒药，药剂师会问他有什么症状，这样才能"对症下药"。妈妈去服装店定做旗袍，裁缝需要量肩宽、腰围等尺寸，才能做出最适合妈妈穿的旗袍，这就是"量体裁衣"。而建筑工人在建造高速公路时，先要选好合适的路线，然后因地制宜，有山丘就开隧道，有河流就架桥梁……总之，举了这些例子，你对这几个成语不陌生了吧？

孔子虽然有小龅牙，但并不难看，也不显得凶。

他不是"咆哮（páo xiào）"式教学，

而是 循循善诱（xún xún shàn yòu）。

这是孔子最喜欢的学生颜回说的。意思是善于有步骤地引导、教育学生。"循循"指有步骤、有次序的样子；"诱"可不是诱惑，而是引导的意思。

尿床不要紧，记住这儿点：1. 一两次正常！2. 晚上八点后不要喝水！3. 多次的话看医生。

孔子

这好像是我弟弟的床单。

孔子这样的教法，让颜回**学得根本停不下来。**

对，这就叫作

yù bà bù néng

欲 罢 不 能。

"罢"是停、歇的意思。这个成语的意思是想停又停不下来。
你可以这样用： 每年"双十一"的促销活动，折扣力度都特别大，
妈妈总是买得欲罢不能，那段时间家里堆满了快递箱。注意：
"欲罢不能"还有一个意思，指已形成某种局势而不能中止。

于是，**颜回成了孔子的头号"粉丝"。**

他从十三岁拜孔子为师，到四十一岁离开人世，

yì bù yì qū

一直 **亦 步 亦 趋** 地跟着孔子学习。

这个成语本来是颜回表达对孔子的敬佩和认真的学习态度，
但现在常用来比喻没有主见，别人慢走我也（亦）慢走（步），
别人快走我也（亦）快走（趋）。形容事事模仿和追随别人。
带有贬义。

颜回这"亦步亦趋"的学习方法，可能有点教条。

但他的确是**孔子打心眼儿里认同的学生，**
特别是他的"乐学"精神更让人佩服。

孔子说，颜回用竹器盛饭吃，用木瓢（piáo）舀（yǎo）水喝，
住在简陋的小巷，这是别人忍受不了的困苦生活，
但颜回依旧快乐。这样的颜回真的十分高尚。

孔子夸赞颜回："贤哉（zāi），回也！一箪（dān）
食，一瓢饮，在陋巷，人不堪其忧，回也不改其乐。
贤哉，回也！"

dān	shí	piáo	yǐn
箪	食	瓢	饮

、

lòu	xiàng	dān	piáo
陋	巷	箪	瓢

都是说颜回"乐学"的成语，
都形容清贫的生活。

当然颜回学习效果应该也是挺不错的。

同学子贡说他能做到

wén	yī	zhī	shí
闻	一	知	十

意思是听到一件事就可以知道很多。形容十分聪明，善于类推。

原来颜回是高智商人才呀！

怪不得连孔子都说"闻一知十"方面他不如颜回。

　教出这么好的学生，孔子不敢居功，只说自己是有点儿耐心，

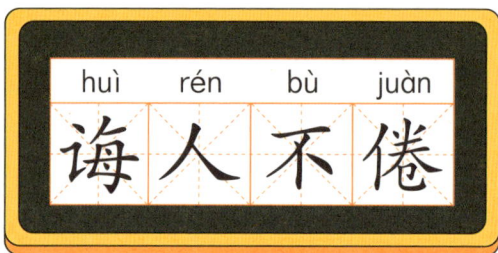

huì　rén　bù　juàn

诲人不倦

而已。

你只要记住关键字"诲"是"教导"的意思，就知道这个成语指教别人时很有耐心，不知疲倦。

教师节快乐

这一章成语有点儿多呀！

挺好，教师节能用上不少。

孔子教学有耐心，可不代表他不骂学生。

他骂起学生来可霸气呢！

有一次，学生宰（zǎi）予旷课，原来大白天的他居然在睡觉！
孔子骂他是"朽木不可雕也，粪土之墙不可圬（wū）也"！
哇！你听听，孔子用烂木头、粪土墙来比喻宰予，
意思是宰予又烂又臭，没有价值，没救了！

可见他有多生气！

这霸气的一骂，骂出了一个成语：

xiǔ	mù	bù	kě	diāo
朽	木	不	可	雕

。

比喻人不可造就。也用来指事情和局面特别糟糕，无法挽回。**你可以这样用：**他才不是朽木不可雕，我相信他一定会成功的。

都怪我太不用功了！孔子老师生气了！

宰予

孔子只是个语文老师吗？

　　如果你以为语文课上学《论语》，表示孔子只教授语言、文学方面的知识，那就大错特错了！周朝时，贵族的教育体系要求学生掌握六种基本技能，分别是礼（礼节）、乐（音乐）、射（射箭）、御（驾驶马车的技术）、书（文字读写）、数（算术），即"六艺"。孔子文武双全，"六艺"精通，可以说是全科教师。

　　当时的教材有《诗》《书》《礼》《乐》四本，称为"经"，孔子又把《易》和《春秋》两本书放进去，组成了"六经"。但是后来六经中的《乐》散失了，余下的"经"就成了我们常常看到的

sì	shū	wǔ	jīng
四	书	五	经

中的"五经"了！那"四书"是指什么呢？"四书"是《论语》《大学》《中庸》《孟子》，都是孔子创立的儒家学派的传人写的。再后来，"四书五经"成了儒家的基本教科书。

哈哈，要是现在被孔子骂肯定能上"热搜"。

孔子希望学生们都能成为**君子**，

能有"礼"有"仁"，有"信"有"义"。

宰予挨骂，很可能与他"失信"有关。孔子骂了他以后，

还自我反省说不能光听人怎么说，还要看人怎么做。

老爸言而有信，给我买了电话手表啦！

yán ér yǒu xìn
言 而 有 信

yán bì xìn
言 必 信 ，

xíng bì guǒ
行 必 果

rén ér wú xìn
人 而 无 信 ，

bù zhī qí kě
不 知 其 可 ……

这些都是讲人一定要说话算数的成语。

"言必信，行必果"，还有行动起来一定要坚决、果断的意思。注意这里的"果"不代表结果哟！"人而无信，不知其可"指一个人如果不讲信用，真不知道他能不能做成事，也就是人不讲信用是不行的。

孔子被人们称为

wàn	shì	shī	biǎo
万	世	师	表

，

是永远值得我们学习的榜样。"表"就是模范、榜样的意思。

能当老师，那孔子一定很会学习吧？

那当然！我们看看孔子怎么学习的，
说不定你可以从中得到什么，运用到自己的学习中去！

孔子学习的第一招：专注、勤奋。

孔子在齐国的时候，听了《韶（sháo）》这种音乐，观看了乐舞，

觉得极其美好，完美得没有一点缺点，

真是

jìn	shàn	jìn	měi
尽	善	尽	美

！他就很沉醉地去学习，

竟然达到

sān	yuè	bù	zhī	ròu	wèi
三	月	不	知	肉	味

的程度！

哇，吃肉都不知道味道！可见多么专心、投入，别的事情都没放在心上。**比如，**爸爸一研究起他的专业问题来，就三月不知肉味了。现在也有人用"三月不知肉味"来形容生活清贫。

因为孔子读书太勤奋，还产生了成语

wéi	biān	sān	jué
韦	编	三	绝

孔子研读《易》这部书，不知道翻阅了多少遍，连串联竹简的牛皮绳子都被弄断了很多次。"韦编"指用熟牛皮绳把写书的竹简编联起来；"三"是概数，指多次；"绝"就是断。"韦编三绝"现在泛指勤奋读书，刻苦钻研。**你可以这样用：**我们班的"学霸"之所以学习那么好，是因为她做到了韦编三绝——课本都快被她翻坏了！

孔子读书

bù	shě	zhòu	yè
不	舍	昼	夜

fā	fèn	wàng	shí
发	愤	忘	食

是常有的事。这两个成语的字面意思很好懂，我就不解释了。

那时候的书不是纸，而是竹简。几根竹简虽然比一大叠纸重，但上面能写多少字，有多少内容呢？
就算读了几十上百卷竹简，又能学到多少知识，有多少学问呢？孔子说自己是"**空空如也**"。
当然这是他谦虚，你别当真！

kōng kōng rú yě
空 空 如 也

原来形容什么都不知道，现在常形容什么都没有，意思跟"一无所有"差不多。

学习最佳心态——空杯

我就是这只空杯子！

孔子

能装不少知识吧！

所以你看，**"保持谦虚，虚心求教"**
就是孔子学习的第二招！

孔子首先向专家请教，比如道家的老子。

老子姓李名耳，又称老聃（dān）。

"聃"是"大耳朵"的意思。老子比孔子大二十来岁。
孔子去找老子的时候，老子正在周天子那儿当守藏室之史，
类似现在的国家图书馆馆长。

孔子赞叹老子是"乘风云而上天"的龙，
非常佩服他的智慧和学问。

我要乘风归去，回归自然。

老子

孔子

我想扎根大地，造福人间。

老子是不是"龙"我们
不知道，但他一定有

xiān	fēng	dào	gǔ
仙	风	道	骨

。

这个成语原来指神仙和修道者的气质、神采。老子是道家学派的始祖，可能还真有一股子"仙气"呢！现在多用来形容摆脱世俗的、高雅的风姿、气质。**你可以这样用：** 我每天上学经过公园，都会看到一位仙风道骨的老先生在练太极拳。

你别误会，老子并不是只干修仙的事儿。他还写了本
《道德经》，里面全是**人生大智慧的"干货"**。
这些浓缩了大智慧的成语你一定见过，
因为它们常常被制作成各种各样的书法作品挂在墙上。

比如，挂在办公室的

上善若水

shàng	shàn	ruò	shuǐ
上	善	若	水

。

意思是最高的善像水一样，滋润万物。

又如，挂在家里的**"知足常乐"**，
告诉我们知道满足就会经常感到快乐。

还有你可能会在学校见到的

qiān	lǐ	zhī	xíng
千	里	之	行

，

shǐ	yú	zú	xià
始	于	足	下

。

意思是走千里远的路程，要从眼前的第一步开始。
比喻任何远大的目标，都要从目前细微的小事做起。

您得多留一些金句呀！

写够五千字就可以了！

尹喜

上善若水

知足常乐

老子

千里之行，始于足下

啪！

《道德经》也叫《老子》，传说这本书是这样来的：老子从周天子那儿辞了职准备归隐，经过函谷关时，被关令尹喜拦住了。尹喜请老子写本书送给自己。于是老子就写下了《道德经》。《道德经》只有五千多字，分上、下两篇，但成语却有上百个！

在老子这样一个智者面前，**谁能不谦虚呢？**
但大家说孔子伟大，是因为他不管在谁面前，
即使面对的是一个小娃娃， 他也一样谦虚！

有一次，孔子和弟子们驾车赶路，
路旁有个小孩子正低着头用石头、瓦片盖城堡。

小朋友，让一让，危险！

项橐

孔子

停！没看见这是一座城吗？车要绕城走！

嘿，这孩子够机灵的！
孔子有些好奇，下车和这个叫项橐（tuó）的孩子聊起来，
两人开始"你问我答"。

孔子先问了一些简单的问题，项橐随随便便就答出来了。
孔子干脆和他来了**一场快问快答！**

什么火没有烟？

什么水没有鱼？

什么树没有叶？

孔子

项橐

简单！答案是……

**项橐一下子就答出来了，
你们也想一想吧！**

答案：萤火虫的火没有烟　井里的水没有鱼　枯死的树没有叶

妙答！秒答！我的天呀！

然后轮到项橐问孔子了。

天上的星星有多少颗？

我们一直都在说地上的事，怎么问到天上去了？

地上的房子有多少间呢？

问天问地，题目太大，问点眼前的事吧！

眼睛上面的眉毛有多少根呀？

我拜你为师吧！

项橐的这些问题你会回答吗?

哈哈,也许你会,可是孔子不会呀!

孔子连忙拜项橐为师,还说

hòu	shēng	kě	wèi
后	生	可	畏

!

意思是年轻人往往能够超过老一辈,是值得敬畏的。
你可以这样用: 我们不要做"躺平"和"啃老"一族,
要做让前辈感叹"后生可畏"的后浪!

拜小孩子为师,多没面子呀!
可孔子不觉得,

他说

bù	chǐ	xià	wèn
不	耻	下	问

并不丢面子,

反而是一种好品质呢!

这个成语的意思是向学问或地位不如自己的人请教,
并不是丢脸的事。**你可以这样用:** 弟弟的魔方玩得特
别好,我常常不耻下问地向他请教呢!

孔子还对弟子们说

sān rén xíng
三 人 行，

bì yǒu wǒ shī
必 有 我 师。

意思是几个人一起走路，其中一定有可以做我老师的人。指在任何时间、地点都要学习别人的长处。

哎呀，一个人总有点儿长处吧？

按这标准，每个人都可以当孔子的老师呀！

扫码进这个链接，然后点餐。

点这里吗？这样就行了？

孔子

没错！

孔子认为，在某些方面，他的学生确实可以当他的老师，

无论学的人还是教的人，都能通过教和学的过程共同得到提高。

这就是成语

jiào xué xiāng zhǎng

教 学 相 长

的意思。

所以，当同学向你请教问题时，你不要担心会耽（dān）误自己学习的时间，

你们会教学相长的！

帮助别人就是帮助自己！

孔子

《史记》里说孔子"**弟子盖三千焉，身通六艺者七十有二人**"。

sān	qiān	dì	zǐ
三	千	弟	子

就成了专指孔门弟子的成语。

孔子五十五岁时，
被当时鲁国的掌权贵族炒了鱿（yóu）鱼。
丢了工作后，他带着学生们周游列国，
一游就是十四年。

别怕，饿不死！走到哪里，肉干收到哪里！

孔子

游学考察团

孔子到过卫、曹、宋、齐、郑、陈、蔡、楚等国，
他走到哪里就把儒家思想传播到哪里。
那些认同他思想的人，都叫他"老师"。

可是，想在外国当官，推行自己的治国理念真的很难。
所以，孔子每到一处，经常是席子还没坐暖，
又急忙起身去别的国家，没有一个固定长久的住处。

成语 **孔席不暖**
kǒng xí bù nuǎn

就是形容孔子忙于传播思想，到处奔走，没有时间休息。**你可以这样用：**这段时间病人很多，当医生的爸爸充分体验到了什么是孔席不暖。

"穷游"是一种什么样的体验呢？
孔子有经验！

有一次在郑国，孔子和弟子们走散了。弟子们到处找孔子。
这时，有个路人跟子贡说东边有个人，额头像尧，
脖子像皋陶（gāo yáo），肩膀像子产，比禹矮一点，
看起来特别疲劳，**就像一条没有家可以回的狗。**

又饿又累……谁把我领回家吧！

孔子

汪！汪！（把我也带上吧！）

子贡跑到东门一看，果然是孔子！
子贡把路人的话告诉孔子，孔子不但没有生气，
还乐呵呵地表示同意："是啊，看上去确实有点儿像！"
这样自嘲的孔子，是不是也很可爱？

后来人们就用

sàng	jiā	zhī	quǎn
丧	家	之	犬

比喻没有地方可以去，到处流浪的人。有时也
形容落魄不得志的人。

孔子回到鲁国时，已经是**六十八岁**的老人了。
他不再追求当官、治理国家这些政治抱负了。
除了继续教学外，**他把所有的精力花在了编书上。**
孔子的著作《**春秋**》，除了前面说过具有
"**春秋笔法**"的特殊风格，还被大家称赞

bù	zàn	yī	cí
不	赞	一	词

意思是文章写得很好，别人不能再添一句话。

注意！千万不能只从字面上理解，
误以为是"不称赞一句话"的意思。
可能这个成语确实太容易让人误会，
原来的意思反而用得少，现在更多指一句话都不说。
到底用哪个意思，你要根据上下文去理解。
比如"她写的作文金句不断，不赞一词"，这句话里
用的就是原来的意思啦！

几年后，孔子去世了。他的学生和学生的学生们根据记忆，
把孔子及其学生的言行整理成了一本叫《**论语**》的书。

据说宋朝时有个大臣曾称 **"半部《论语》治天下"，** 可见《论语》对做人、做事的帮助有多大！

孔子 关注 ×

学而时习之，不亦说乎？

见义勇为

成人之美

名正言顺

既来之则安

论语

孔子

那么，**一整部《论语》学下来，不是更厉害吗？**
其实《论语》的字数并不多，全本才**一万六千多字，**
你看几个小故事的时间就能读完啦！
而整本书的常见成语**有一百多个，**
简直就是一本**"成语之书"，够霸气吧！**

8

口才大师晏婴

春秋时期的历史和成语介绍得差不多了，
在结束之前，**还有位大师级的人物**
必须单独开一章来说。因为民间流传着很多他的小故事，
甚至有人将这些小故事收集起来，
编了一部**民间故事集——《晏子春秋》。**

关于我的书、我说的话、做的事都值得一看！

孔子

关于我的书、我的小故事里有大智慧！

晏子

您霸气，我拜读！

你有大成就！

晏子，名婴，字平仲。据史书记载，他身高不足六尺，
换算过来就是不到 1.38 米。《晏子春秋》又叫《晏子》，
采用一事一记的形式，全书二百一十五个小·故事，都以
晏子为中心人物，可以算我国最早的一部短篇小·说集。

晏子虽然个子矮，但智慧高人几个头，

能"怼"（duǐ）天"怼"地"怼"国君。

"怼"原本读 duì，本义是怨恨。近些年，网络用语将这一词引申为顶撞、反驳、嘲讽，念第三声 duǐ。

嗨！

"怼"人这件事，
晏子可不随便做！

他"怼"的都不是一般人，**90%** 以上是国君，特别是齐国的三代国君——齐灵公、齐后庄公和齐景公。

"怼"出智慧！

"怼"出水平！

齐灵公

齐后庄公

齐景公

"怼"了我四十年！都给我"怼"出心理阴影了！

齐灵公上位时，春秋首霸齐桓公的时代已经过去好几十年了。齐国虽然家底还在，但早已经没了霸主地位。晏子用他独特的智慧，对内劝谏国君，弥补国君过失；对外和平交涉，维护国家尊严。

晏子辅佐的第一位国君是齐灵公。

齐灵公有个特别的癖（pǐ）好——**喜欢看女人穿男装！**

于是宫中的女人全都穿上了男装。

然后，这股潮流席卷了全国，齐国的女人都穿上了男装！

齐灵公慌了，马上发出"禁止女人穿男装"的命令。

我花钱买的衣服，扯烂了你们赔（péi）！

禁止女人穿男装 一经发现 立刻治罪！

上头的命令，没办法呀！

可是没人在乎这条禁令，宫外的女人们还是穿着男装到处走。

齐灵公想不通，只好去请教晏子。

晏子说，只允许宫里的女人穿男装，却不准宫外的女人效仿，**这就相当于在门口挂牛头，却在店里卖马肉，**

你当大家瞎呀？

晏子说的**"挂牛头卖马肉"**，传着传着，就变成了你们常听到的成语

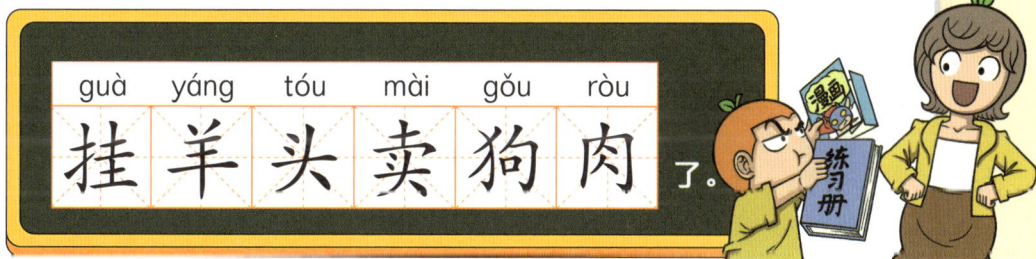

guà	yáng	tóu	mài	gǒu	ròu
挂	羊	头	卖	狗	肉

了。

比喻以好的名义做招牌，实际上做坏事。**你可以这样用：**这家商店挂羊头卖狗肉，打着"名牌产品直销"的幌（huǎng）子，实际上卖的都是假冒伪劣产品。

齐灵公明白了，立刻禁止宫里的女人穿男装。
果然，不到一个月，**齐国这事就恢复正常啦！**
晏子这招是要齐灵公"正己化人"，意思是自己行为端正，才可以去感化和影响别人。

否则就算下了命令也没有用，

因为大家都是

shàng	xíng	xià	xiào
上	行	下	效

。

意思是上面的人怎么做，下面的人就跟着怎么做。

其实，晏子是从老爸手里接棒成了齐国的大夫。

齐灵公挺欣赏晏子的，
但两年后他就交班给齐后庄公了。

齐后庄公刚上位的时候，十分爱护小动物。
有一天，齐后庄公坐车去打猎，遇上了一只螳螂（táng láng）。

让路让路，这是国君的车！

齐后庄公

不让，不让。

齐后庄公下车，对螳螂说："我们不会伤害你的！"说完他就叫车夫从旁边绕过去。

这件事后，大家觉得齐后庄公仁爱，于是纷纷投奔齐国。后来，**人们从这件事提炼了一个成语——**

táng　bì　dāng　chē

螳　臂　当　车　。

意思是螳螂举起前腿想挡住前进的车子，却不知道以它的力量根本做不到。"当"指阻挡。

螳螂这样的行为，真是

bù　zì　liàng　lì

不　自　量　力　呀！

这个成语指过高地估计自己的力量。比如，你想和"小飞毛腿"比短跑？简直是不自量力呀！

和螳螂一样被嘲笑的小动物还有蚍蜉，
它也有个专有成语——

pí   fú   hàn   shù
蚍蜉撼树。

"蚍蜉"是一种大蚂蚁；"撼"是摇或摇动的意思。
一只蚂蚁想摇动大树，听起来就很荒唐吧！所以，
这个成语和"螳臂当车"是近义词，常一起出现。

我曾经用一条胳膊就挡下了一辆飞奔的马车！

动物大力士比赛
克数级体重

我用一只手就摇动了一棵百年大树！

齐后庄公一点也不在乎治国礼仪。**晏子批评他，他也不听。**后来，晏子只好辞职到东海边隐居了。

再后来，齐后庄公因为不守礼仪，做了一件错事，被臣子杀掉了！

齐景公上位，晏子回去力挺新上位的齐景公！

晏子在最高境界！

爱国家，
忠于国家的利益。

忠于君主个人，
当君主做错时也跟着做错，
容易变成愚忠。

爱自己多过爱国家，
容易变得自私自利，损害集体利益。

那么，新上任的齐景公表现得怎么样呢？

齐景公既有称霸争雄的梦想，又特别喜欢奢侈的东西。
有时候连工作都不想做，十天半月不上朝。

**至于老百姓生活得怎么样，
他根本没时间、也没心思去关心。**

我的理想是：不费力就能称霸称雄！

您快醒醒，别做白日梦了！

齐景公

晏子

你的理想是什么？

有一年冬天，齐国下了一场**三天三夜都没停的大雪。**
齐景公披了件超级厚实的白色狐皮大衣，
坐在厅堂里欣赏雪景。 晏子来拜见他。

好奇怪呀，这大雪下了三天，怎么就一点都不冷呢？

齐景公

天真的不冷吗？晏子反问他，他还乐呵呵地点头。

哎呀，齐景公正自我陶醉呢，哪里听得出晏子反问的意思？

直接批评吧！

我听说古代的贤君，自己吃饱了会想还有人饿着；自己穿暖了会想还有人冻着；自己舒坦了会想还有人累着……

晏子

齐景公

我错了，我改！

是呀，自己过得好同时也要关心人民，这才是贤明的君主！

晏子这种直接表达意思，没有丝毫顾忌，毫不隐瞒（mán）的批评方式，用一个成语总结就是

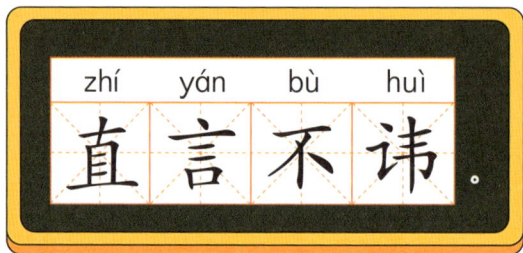

zhí yán bù huì

直言不讳。

"讳"是避忌，指有顾忌而不敢说或不愿说。**你可以这样用：**我爸爸很开明，他说在家里有什么问题，我都可以直言不讳。

其实，狐皮大衣晏子也有，**不过只有一件，**而且一穿就是三十年，一般是在比较正式的场合穿。晏子生活很节俭，平日里他总是穿粗布衣服，吃糙米小菜，顶多加个鸡蛋。

但他的车夫都比他有派头！

晏子的车夫每次驾车外出，都是一副"意气扬扬，甚自得也"的样子，**头抬得高高的，姿势摆得酷酷的。**

哈哈，他那十分得意的样子，简直可以代言成语

yáng yáng zì dé
扬 扬 自 得 了！

幸好车夫有个明理的老婆，

她逮（dǎi）着机会就好好教训了车夫一顿：人家晏子身高不足六尺，当上了齐国的大夫，还一直保持谦逊（xùn）低调。再看看你，身高八尺，只是一个车夫，整天高调自满，真没出息呀！

在老婆的教育下，车夫老实了很多，改掉了高调的毛病。晏子见了，觉得车夫知道自己错了会主动改正，是一棵好苗子，就**提拔他做了大夫。**

老婆，你真好！没有你我可能一辈子都给人当车夫了！

车夫

晏子

能听得进老婆说的话，一定是个好男人！

晏子虽然舍不得花钱改善自己的生活，对百姓却很爱护。

他用工资帮助了五百多户贫苦的人家。

晏子做官也十分清廉，不贪财，甚至连齐景公给他的赏赐都不要。

有一次，齐景公觉得晏子的房子离闹市太近，又破又小，
还有好多灰尘，就想给他换个又宽敞又豪华的大房子。

买什么都方便？ 齐景公笑了。晏子哪有时间逛市场呀！
齐景公好不容易逮着机会，立刻回"怼"晏子说：
"哎呀，你平时还逛街？那你知道市场上什么贵，什么便宜吗？"
晏子立刻回答："假脚供不应求，天天涨价；
鞋子卖不出去，天天跌价。"

这个行业赚钱，我要做这个工作！

新型制踊公司

招工

百年制鞋老店

市场上怎么会有假脚卖呢？原来当时齐景公设立了一大堆乱七八糟的刑罚措施，比如欺骗君主的人要被砍掉双脚，叫"刖（yuè）刑"。于是就有人需要假脚，也就是"踊（yǒng）"。"踊"的本义是往上跳，在这个故事里指为被砍掉双脚的人特制的鞋子，相当于假脚。

齐景公一听，脸色马上变得很难看——
晏子这是在说他滥用砍脚的酷刑了！

好家伙，原来你在这儿等着我呢！
齐景公能怎么办呢？**当然是听晏子的劝谏，**不再滥用酷刑啦！得亏晏子这句话，齐国少了多少刑罚，多少人保住了自己的双脚呀！

> 还是做鞋有前途！

新型制踊公司

百年制鞋老店

成语
jù	jiàn	yǒng	guì
屦	贱	踊	贵
就是这么来的。

意思是被砍掉双脚的人很多，导致鞋子价格便宜，而假脚的价格昂贵。形容刑罚严重且频繁。"贵"和"贱"分别指昂贵、便宜。"屦"是用麻、葛等做成的鞋。

哈哈，齐景公第一次"怼"晏子失败，可是齐景公不死心。

这不，他又来了一招——趁晏子去别国出差的时候，让晏子的邻居都搬走，给晏子造了一座新房子。

晏子回来后，说："**非宅是卜，唯邻是卜。**"
意思是选择宅院，不是要占卜住宅的吉凶，
而是要占卜邻居是不是可以为邻居。
然后，他请齐景公把房子恢复成原来的样子，
并把邻居请了回来。

晏子说的话成了成语

bǔ	zhái	bǔ	lín
卜	宅	卜	邻

。

说明迁居的时候要选择好的邻居。

送地送房都不成，还被"怼"了两次，齐景公只好放弃了。
可转头有臣子跟他抱怨，说在晏子家连饭都吃不饱，
齐景公又心疼起来，赶紧派人送钱给晏子。

你知道的，晏子当然也不要。

这次齐景公还做了点功课，用管仲收了齐桓公
房、车、钱的例子来劝晏子。没想到，晏子说：

圣人千虑，必有一失；
愚人千虑，必有一得。

意思是聪明人也会有考虑不周到的地方；
即使愚笨的人，在很多次的考虑中也会有可取的地方。

> 管仲是管仲，我是我，齐国也
> 不是以前当霸主的时候啦！

齐景公

晏子

> 送钱都不要，还要批评我，我太难啦！

晏子的这句话变出两个成语——

qiān	lǜ	yī	shī
千	虑	一	失

和

qiān	lǜ	yī	dé
千	虑	一	得

。

它们的意思正好相对，也很好懂，理解了这两个成语你会更谨慎、谦虚。**你可以这样用：**今天的思考题特别难，我想了好久好久才做出来，真是千虑一得呀！可是没想到，最后写答案的时候，我漏写了数量单位，还是扣了分，这就是千虑一失呀！

同义的成语有

bǎi	mì	yī	shū
百	密	一	疏

。

意思是在极周密的考虑中偶然出现一点疏忽。

晏子这样的人提着灯笼都难找！

齐景公总算知道了：有晏子真是齐国的福气呀！
那治理齐国的忧虑是什么呢？
晏子告诉他，是躲在社庙里的老鼠。**啥意思？**

因为人们想赶跑老鼠，却害怕用烟火熏（xūn）会烧毁木头，用水灌会破坏涂泥，从而毁坏社庙呀！

这儿真是宝地！

咱们已经传了八九代了吧！只要这社庙不塌，咱们还能一直过好日子呢！

灭鼠？ 晏子当然不是要教齐景公灭鼠，他想说最容易成为"社鼠"的，是国君身边的近臣。这些人在国君身边，使起坏来影响很大，可因为有国君庇（bì）护，想要消灭却很难。

跟社庙里的老鼠一样的，还有住在城墙上的狐狸。你想，要消灭狐狸就得把城墙推翻，代价太大了！

后来成语

shè	shǔ	chéng	hú
社	鼠	城	狐

用来比喻倚（yǐ）仗权势作恶，一时难以驱除的奸猾小人。

为了让齐景公理解得更透彻，

jiǔ diàn měng gǒu
酒 店 猛 狗

晏子又给他讲了一个 的故事。

什么？这也是成语？

先听故事吧！

晏子说，有个卖酒的店，店里整洁干净，广告招牌醒目，酒香，价格也公道，可就是卖不出去！

这个店主出去问人，才知道原来是他店里的大狗太吓人了，没人敢来。**这"猛狗"比喻的是什么人呢？**

就是那些掌握权力的人，他们把有治国办法的人挡在外面，不让国君见到。他们可不就是国家的"猛狗"吗？

猛狗不除，再好的酒也卖不出去呀！

马上消灭，立刻远离！

齐景公

除三害运动

晏子

等等，这些也是成语吗？

哈哈，"酒店猛狗"真的太不像成语了，你是不是还在怀疑？那我再告诉你**狗颠屁股**也是成语，只怕你要喷饭了吧！哎呀，**令人喷饭**也是成语呢！

嘿嘿，你妈妈做的饭菜好吃吧？告诉你，**热锅炒菜**也是成语！早上吃的啥？汤圆吗？看，你不小心又吃了个成语——**空心汤圆**。

吃了饭，你来到学校，数学课上**加减乘除**一下，成语又来了！上体育课，站在同学们中间，体育老师说你是个**惨绿少年**，他可不是在骂你！但是，点评作文时，老师当着全班同学的面念了你的作文，说你的作文是**博士买驴**。我的天，你可千万别以为老师在夸你有学问！

放学了，你看见你爸爸一副**药店飞龙**的样子，他不是要和你过招，你赶紧让他吃顿好的或者休息休息吧！你爸爸要是不努力工作，你们全家就只能**喝西北风**了。虽然爸爸**夏日可畏**，妈妈**冬日可爱**，他们最爱的都是你！

好了，**醒骨真人**来了，虽然你还想要吃**无肠公子**，但天色晚了，还是睡吧……

哈哈，这些不像成语的成语，背后都有好玩的故事和有趣的人呢！这次跑题太远了，故事没法讲了，成语的意思写在下面，

你好好看看，和朋友聊天的时候用起来吧！

狗颠屁股：狗在人面前摇尾巴，求关注。形容对人逢迎、谄媚的丑态。

令人喷饭：形容事情很可笑，让人笑得连饭都喷出来了。

热锅炒菜：比喻利用现成的条件办事。（你想，锅都热了，菜当然炒得更快更香呀！）

空心汤圆：比喻只有虚名而没有实际利益可图的东西。

加减乘除：本是算术的四种基本运算法则。比喻心里的盘算。有时借指事物消长的变化。

惨绿少年：原指穿浅绿衣服的少年。后指举止文雅优美的青年男子。

博士买驴："博士"是古代一种官职名。博士去买驴，写了三张纸的契（qì）约，还没写到驴字。比喻写文章篇幅太长，废话太多，抓不到要领。

药店飞龙：形容人瘦得皮包骨头。"飞龙"是中药龙骨。

喝西北风：指没有东西吃，饿着肚子过日子。

夏日可畏：比喻为人严厉，令人敬畏。（你想，夏天的太阳是不是太晒了，让人害怕呢？）

冬日可爱：比喻人态度温和慈爱，使人愿意接近。

醒骨真人：指盛夏的清风。

无肠公子：古人对螃蟹的别称。

跑太远了！回来，回来！

现在，晏子准备帮齐景公除掉一些"酒店猛狗"。

公孙接、田开疆、古冶子，人称**"齐国三杰"**。
这三位猛男仗着自己有军功，平日里十分嚣张，
对齐景公不是很尊敬。为了避免将来产生祸患，
要打"猛狗"，就从他们打起吧！

你这一小团，怎么打得过呀！

晏子

齐景公

俩桃子就够了！

肉包子打狗都是有去无回，俩桃子有用？

晏子让齐景公派人**送两个桃子给三位将军**，并告诉他们，谁觉得自己更勇猛、功劳更大，就可以先吃桃子。
吃桃辩论赛开始了！

我曾经打过野猪，杀过老虎，够勇猛了吧？这个桃子归我！

我率领军队多次击退敌人，开辟国土。凭这功劳可以吃桃子吧！

……

公孙接

古冶子

田开疆

哇！一个桃子也没有了！
古冶子急了、怒了！

我和君主一起过黄河的时候，跳到水里，杀了水里作乱的大鳖，救了君主的命，得了"河神"的称号。这功劳你们能比吗？把桃子给我吐出来！

公孙接

田开疆

古冶子

公孙接和田开疆听了古冶子的话，感到很羞愧，竟然拔出剑把自己杀了！

这样一来，古冶子觉得自己也没脸独活，也把自己杀了！

这就是 **二桃杀三士**！

（èr táo shā sān shì）

现在这个成语比喻用计谋杀人。它也被当作晏子智慧的体现。

哇，这俩桃子真管用！

其实这并不算啥，还有比这更厉害的！

晏子换个酒杯，就让晋国放弃了攻打齐国的打算。

您的道具很齐全啊！太专业了！

晏子

一般一般，世界第三。

事情是这样的： 晋国想要攻打齐国，
但齐国毕竟曾经是霸主，现在实力怎么样，得先打探打探。

于是晋平公派外交大臣范昭去齐国。齐景公盛情招待范昭，
和他一顿豪饮。齐景公喝得又不想上朝了，
范昭可没忘记自己的使命。他向齐景公要酒喝，

齐景公顺手就把自己的酒杯递给他。

"坑"来了！

要知道，在外交酒席上，国君和臣子应当各用各的酒杯。
范昭故意趁着齐景公喝醉时向他要酒喝，
其实就是要试探齐国君臣的反应。
清醒的晏子看到了，立刻厉声让人换掉酒杯。
晏子这是在警告范昭：齐国不可侵犯！

酒杯还是用自己的更卫生！

范昭　晏子　齐景公

有晏子在，齐国这块肥肉不好啃呀！

晋平公知道后，认为齐国有晏子这样贤能的大臣在，
即使开打了晋国也不一定能赢，就打消了攻打齐国的念头。
孔子这样评价晏子的外交才能：

**"不出樽俎（zūn zǔ）之间，
而折冲于千里之外。"**

成语 **折冲樽俎**（zhé chōng zūn zǔ）就从这里来的。

意思是不用武力而在会盟谈判席上定下妙计，制敌取胜。"樽"和"俎"分别是古代用来装酒、装肉的容器；"折冲"指打退敌人的战车，挫败敌人。

这个故事看得还不过瘾（yǐn）！

那就再来看看"晏子使楚"的系列故事。

要知道，除了齐国的几个国君，
被晏子批评得最惨的就是下面这位楚灵王了。

你可有面子啦！

晏子

楚灵王

好像谁稀罕一样！

晏子出使楚国，楚灵王知道他个子矮小，想嘲笑他，就派人在城门旁开了一个小洞，请晏子走小洞进城。

晏子不紧不慢地"开怼"：

出使到狗国，才从狗门进去！

咋办？只能开城门呀！

难道楚国是狗国呀！

咱们各走各的道！

晏子

用通道

晏子专

晏子拜见楚灵王时，楚灵王因为没捉弄成功，**不甘心地问：**
"你来，是齐国没有人了吗？" 晏子回答：
"齐国的都城临淄有七千五百户人家，展开衣袖可以遮住天，
挡住太阳；挥洒汗水就像天上下雨一样；人挨着人，肩并着肩，
脚尖碰着脚跟。怎么能说齐国没有人呢？"

请注意，成语出没！

晏子的回答里有**张袂（mèi）成阴、挥汗成雨、比肩继踵（zhǒng）**三个成语。

给你提示一下关键字，"袂"是衣袖，"踵"是脚跟。

这三个成语的意思，你可以对应晏子的回答去找找。

zhāng	mèi	chéng	yīn		bǐ	jiān	jì	zhǒng
张	袂	成	阴	和	比	肩	继	踵

都有人很多的意思。不同的是，"比肩继踵"还可以用来形容接连不断。**比如，**一到国庆黄金周，景区内的人简直是比肩继踵。

mó	jiān	jiē	zhǒng
摩	肩	接	踵

、

bǐ	jiān	jiē	zhǒng
比	肩	接	踵

都和"比肩继踵"意思相近。

huī	hàn	chéng	yǔ
挥	汗	成	雨

意思是掉下来的汗就像下雨一样，形容人多。现在经常用来形容天热或者劳动时出汗很多。**比如**，酷暑时节，环卫工人在烈日下挥汗成雨，真是太辛苦了！

成语说完了，继续看故事。

楚灵王听到晏子的回答很高兴，他觉得晏子掉进他挖的坑里了！

楚灵王立刻又问："人这么多，怎么偏偏派你来当形象大使？"

晏子笑着回答："没办法，我们齐国的派遣（qiǎn）规则是，**贤明的使者出使到贤明的君主那儿，不贤明的使者出使到不贤明的君主那儿。**我最不贤明，只能出使楚国了。"

您这是把整个楚国都拉下水啦！

楚灵王

晏子

输了人，还丢了面子！

晏子"怼"得楚灵王只能吃哑巴亏！

但是，楚灵王是不会就这样认输的。

这天，他又接到了晏子要来楚国的消息，
于是马上召开会议，研究羞辱晏子的办法。

总要争点面子回来呀！

距离晏子到楚国还有三十一个小时，大家快想点子呀！

整治晏子的第X次会议

1.
2.
3.

楚灵王

这回，晏子一来，**楚灵王就请他吃大餐。**
开胃菜刚吃完，一个侍卫绑了个罪犯上来了。

大王，这个齐国人在楚国偷东西。

晏子

楚灵王

哈哈，原来齐国人都是小偷呀！

能不能让人安生吃顿饭呀！

晏子说："**我给您科普一下吧！**
橘（jú）树生长在淮（huái）河以南是橘树，
生长在淮河以北就是枳（zhǐ）树。它们看上去差不多，
但水土不同，橘子甜、枳子苦呀！
这个人在齐国不偷盗，来了楚国就偷盗了，
看来你们楚国的水土有问题！"

这就是成语 **南橘北枳**（nán jú běi zhǐ）的由来。

意思是同一种事物由于外界环境的改变而发生变异。

又、又、又被"怼"了！
楚灵王完全败下阵来。

其实，**晏子是很讲礼仪的。**
出使别国时，他对各国的君主和礼节都非常尊重——
当然，不"怼"人的**前提是不要触犯他的底线。**

这一次，晏子又到了楚国，楚灵王请他吃橘子，
旁边还放着剥（bāo）皮的小刀。可晏子没有动刀剥皮，
而是直接带皮吃了橘子！
楚灵王惊得眼珠子都要掉出来了！

喂喂，**你不知道吃橘子要剥皮吗？**
晏子告诉楚灵王，**在国君面前用刀不礼貌，**
除非国君下命令，否则他不会动刀剥皮。

橘子还是要剥了皮再吃。

楚灵王

当然，晏子也**不是什么问题都能够解决的。**

鲁国的鲁昭公被人赶出来，逃亡到了齐国。
和齐景公聊天时，鲁昭公使劲反省自己以往的作为，
把齐景公感动得都想帮帮他了。齐景公问晏子：
鲁昭公还能不能重新做一个好国君？
晏子打了两个比方，说了两个成语——

lín	nàn	zhù	bīng		lín	yē	jué	jǐng
临	难	铸	兵	和	临	噎	掘	井

。

意思是遇到危难的时候，才急急忙忙去铸造兵器；吃东西咽不下时，需要水才挖井取水。事情到了眼皮底下才去准备，再快也来不及呀！

这两个成语跟

明天就要期末测试了，我为什么平时不好好学习呀！

lín shí bào fó jiǎo
临 时 抱 佛 脚

意思相同，都比喻平时不做准备，临时才想办法。

唉，鲁昭公是没希望了！

有一个问题，齐景公问了晏子很多次：我们要是都不在了，以后谁会占据齐国呢？晏子总是回答他，

齐国以后会成为田氏的国家。

果然！

晏子离世后，没几年齐景公也去世了，齐国陷入混乱。平时在拉拢人心上下足了功夫的

田氏统治了齐国。

晏子真是预言家！

如果我还在的话……

晏子

司马迁

那我给你当车夫，好不好？

司马迁在《史记》里写道："假令晏子而在，余虽为之执鞭，所忻（xīn）慕焉。"意思是，假如晏子还在世，我就算是为他当马夫，也是值得高兴、向往的事。

假如晏子还在……可惜，没有如果了！
"田氏代齐""三家分晋"后，
春秋时期的一百多个诸侯国在打打杀杀的混战中
只存活了十多个。它们还将在战国的几百年中
进行最后的决战！

福利时间

爱美的你快看过来!
听说多读好看的成语
会变美!

国色天香　清丽脱俗

眉清目秀　天生丽质　一表人才

玉树临风　亭亭玉立　人面桃花

光彩夺目　浓眉大眼　面如冠玉　长身玉立

楚楚动人　千娇百媚　淡扫蛾眉　容光焕发

肤如凝脂(níng zhī)　明眸皓齿(móu hào)　美目盼兮　窈窕淑女(yǎo tiǎo)

粉妆玉琢(zhuó)　翩若惊鸿(piān)　空谷幽兰

兰质蕙心(huì)　温文尔雅

你知道吗?古人其实可爱美了!
要不然怎么会有这么多"好看"的成语呢?

参考书目

[1] 郭丹，程小青，李彬源，译注．左传 [M]．北京：中华书局，2012.

[2] 文天译注．史记 [M]．北京：中华书局，2016.

[3] 缪文远，缪伟，罗永莲，译注．战国策 [M]．北京：中华书局，2012.

[4] 〔宋〕袁枢撰，李志生等主编，宁欣分册主编，张秀荣译注．通鉴纪事本末 [M]．杭州：浙江人民出版社，2019.

[5] 〔汉〕刘歆等撰，王根林校点．西京杂记（外五种）[M]．上海：上海古籍出版社，2012.

[6] 钟基，李先银，王身钢，译注．古文观止 [M]．北京：中华书局，2011.

[7] 马世年译注．新序 [M]．北京：中华书局，2014.

[8] 张永雷，刘丛译注．汉书 [M]．北京：中华书局，2016.

[9] 陈芳译注．后汉书 [M]．北京：中华书局，2016.

[10] 徐正英，邹皓，译注．春秋穀梁传 [M]．北京：中华书局，2016.

[11] 方勇译注．孟子 [M]．北京：中华书局，2015.

[12] 黄铭，曾亦，译注．春秋公羊传 [M]．北京：中华书局，2016.

[13] 叶蓓卿译注．列子 [M]．北京：中华书局，2018.

[14] 陈桐生译注．国语 [M]．北京：中华书局，2013.

[15] 李山，轩新丽，译注．管子 [M]．北京：中华书局，2019.

[16] 〔宋〕李昉等撰．太平御览 [M]．北京：中华书局，2013.

[17] 方勇译注．庄子 [M]．北京：中华书局，2015.

[18] 高华平，王齐洲，张三夕，译注．韩非子 [M]．北京：中华书局，2015.

[19] 胡平生，张萌，译注．礼记 [M]．北京：中华书局，2017.

[20] 陈晓芬，徐儒宗，译注．论语·大学·中庸 [M]．北京：中华书局，2015.

[21] 陈曦译注．孙子兵法 [M]．北京：中华书局，2011.

[22] 方勇译注．墨子 [M]．北京：中华书局，2015.

[23] 崔冶译注．吴越春秋 [M]．北京：中华书局，2019.

[24] 汤化译注．晏子春秋 [M]．北京：中华书局，2015.

[25] 颜之推著，颜迈译注．颜氏家训译注 [M]．北京：商务印书馆，2016.

[26] 吴敬梓著，刘乐里校注．儒林外史 [M]．石家庄：花山文艺出版社，2015.

[27] 乔忠延．成语里的中国历史 [M]．北京：商务印书馆，2017.

[28] 郭志坤，陈雪良．成语里的中国通史 [M]．上海：上海人民出版社，2019.

图书在版编目（ＣＩＰ）数据

呀，成语就是历史 . 第 1 辑 . 春秋 . ③ / 国潮童书著
. -- 北京：台海出版社，2023.11

ISBN 978-7-5168-3651-4

Ⅰ . ①呀… Ⅱ . ①国… Ⅲ . ①汉语 - 成语 - 故事 - 少
儿读物 Ⅳ . ① H136.31-49

中国国家版本馆 CIP 数据核字 (2023) 第 184410 号

呀，成语就是历史 . 第 1 辑 . 春秋 . ③

著　　者：国潮童书	图画绘制：丁大亮
责任编辑：戴　晨	

出版发行：台海出版社

地　　址：北京市东城区景山东街 20 号　　　邮政编码：100009

电　　话：010-64041652（发行，邮购）

传　　真：010-84045799（总编室）

网　　址：www.taimeng.org.cn/thcbs/default.htm

E － mail：thcbs@126.com

经　　销：全国各地新华书店

印　　刷：天津海顺印业包装有限公司

本书如有破损、缺页、装订错误，请与本社联系调换

开　　本：710 毫米 × 1000 毫米　　　　　1/16

字　　数：500 千字　　　　　　　　　　印　张：63

版　　次：2023 年 11 月第 1 版　　　　　印　次：2025 年 4 月第 3 次印刷

书　　号：ISBN 978-7-5168-3651-4

定　　价：300.00 元（全 10 册）